MICHELA ALESSANDRONI

IL LAVORO DEL COPYWRITER

Entra nel Mondo della Scrittura Pubblicitaria

e Apprendi le Strategie per Motivare all'Acquisto

Titolo
"IL LAVORO DEL COPYWRITER"

Autore
Michela Alessandroni

Editore
Bruno Editore

Sito internet
www.brunoeditore.it

Sommario

Introduzione

A Giorgia
che ama le parole

Non esistono molti manuali sul lavoro del copywriter: forse perché la situazione generale di questa professione non è rosea o forse perché si tratta di un mestiere un po' sottovalutato, come la maggior parte di quelli legati all'arte della scrittura; tuttavia, ho voluto mettere nero su bianco quelle che sono le mie conoscenze in questo campo perché la ritengo una professione fondamentale nell'ambito della comunicazione verso il pubblico esterno.

Le aziende più strutturate e meno miopi hanno al loro interno un proprio reparto creativo. Altre si rivolgono, invece, alle agenzie esterne, specializzate in comunicazione pubblicitaria. Altre ancora tentano la via del fai da te, quasi sempre con pessimi risultati: questo perché non si diventa copywriter all'occasione e di punto in bianco, bensì attraverso tutto un percorso fatto di inclinazione personale, studio della tecnica, allenamento della creatività. In questo manuale voglio condurti proprio lungo questo percorso creativo che porta alla nascita di quelle che ritengo vere e proprie opere d'arte: i testi pubblicitari.

Si tratta di un cammino strutturato in tre capitoli. Partiremo, con il primo capitolo, dalla questione più importante: come si diventa copywriter e come ci si può presentare alle agenzie pur non avendo mai svolto questo lavoro. Proseguiremo cercando di definire tale figura professionale e le sue competenze all'interno dell'agenzia pubblicitaria.

Nel secondo capitolo ci addentreremo nella selva frondosa delle parole, cercando di fare ordine e di coniugare tecnica e creatività.

Il terzo capitolo, infine, riguarderà i grandi Maestri del copywriting e le loro strategie, veri tesori da cui imparare tanto e da portare sempre con te.

Parole che colpiscono l'immaginazione, che generano idee e sensazioni, che parlano al cuore e alla ragione e stuzzicano la fantasia: nate dallo studio, dall'applicazione, dalla tecnica, dall'inventiva o per puro caso, dietro le quinte a tirare i fili della sensibilità, dell'attenzione, dell'inconscio del pubblico c'è una persona preposta: capace, intuitiva e colta, è il copywriter, l'esperto giocoliere delle parole.

CAPITOLO 1:
Come diventare copywriter

Se hai deciso di leggere questo testo significa che desideri sapere qualcosa di più sulla figura del copywriter, come ci si diventa e in cosa consiste il suo lavoro, quali tecniche e strategie creative si trovano alla base delle campagne pubblicitarie che muovono il commercio dei prodotti. Iniziamo, allora, a capire quali inclinazioni personali debba possedere il copywriter e quale formazione lo possa trasformare in un professionista.

Personalità e formazione

La curiosità è senza dubbio un ottimo punto di partenza, ma ci sono tanti altri passi che devi compiere se vuoi diventare un copywriter di professione: alcuni sono passi verso l'apprendimento e possono essere compiuti nel tempo attraverso dei corsi o tramite l'esperienza diretta sul campo, altri sono di natura intrinseca e nessuno può guidarti in questo. Sto parlando della volontà che ti spinge a considerare la tua passione per la scrittura come una grande opportunità per trasformare un'attitudine individuale in una professione, il primo grande input che ti porta a voler prendere la tua inclinazione personale e modellarla, accrescerla e tramutarla in un mestiere.

Ho sempre pensato che per diventare ottimi scrittori ci vogliano due forze concomitanti: la prima è la vocazione personale, la seconda è l'esercitazione continua. La vocazione senza l'apprendimento e l'applicazione delle tecniche non porta alla perfezione artistica, così come la pura applicazione delle tecniche senza il supporto prezioso della sensibilità e dell'inclinazione individuale non porta, ancora, alla perfezione artistica. È un lavoro arduo che puoi portare avanti solo attraverso un forte impegno e non è detto che sia sufficiente a trasformare la tua passione in professione o, nel caso del copywriter, a farti entrare nel magico mondo della pubblicità.

La curiosità è un ottimo punto di partenza, dicevo. Libri, riviste, giornali, televisione, cinema, mostre, cultura, arte, moda, tecnologia, novità… Tutto questo ti circonda quotidianamente e devi conoscerlo ed essere in grado di dominarlo: rappresenta la materia prima delle tue creazioni. Da qui partono le tue idee, l'ispirazione, gli stimoli per fare nuove ricerche. La capacità di analizzare le situazioni da punti di vista diversi, individuare alternative, sfoderare soluzioni sempre nuove, trovare associazioni e creare collegamenti è fondamentale nello sviluppo di un'intelligenza creativa.

SEGRETO n. 1: le inclinazioni personali, lo studio e la continua applicazione della tecnica sono caratteristiche imprescindibili per chi si voglia avvicinare al mestiere di copywriter.

Per quanto riguarda l'istruzione, non c'è un percorso predefinito da seguire o una Facoltà universitaria deputata alla formazione professionale del copywriter, anche se molto spesso negli annunci di lavoro sono richiesti studi in ambito umanistico.

Le Facoltà universitarie di Lettere, Scienze Umanistiche e Scienze della Comunicazione certamente trattano materie più pertinenti e stimolano lo sviluppo della creatività e delle conoscenze linguistiche allo stesso tempo, ma non sono le sole: anche le

Facoltà economiche e psicologiche propongono percorsi interessanti, soprattutto in relazione a una materia affascinante come il marketing. In generale, viste le continue innovazioni e l'introduzione di nuovi corsi, ti consiglio di visitare direttamente i siti web delle Università e valutare se ciò che offrono faccia al tuo caso.

Dopo gli studi superiori o universitari, spesso accade che la formazione specifica avvenga direttamente in agenzia, attraverso i primi stage, per esempio. Esistono, però, anche dei corsi, istituiti da centri privati, orientati proprio allo studio della comunicazione pubblicitaria. Te ne riporto qui alcuni tra i più noti in Italia:

- **IED,** Istituto Europeo di Design, con sedi a Roma e Milano (www.ied.it);
- **Accademia di Comunicazione**, con sede a Milano (www.hdemia.it);
- **ILAS**, Istituto Superiore di Comunicazione, con sede a Napoli (www.ilas.com);
- **NABA**, Nuova Accademia di Belle Arti, con sede a Milano (www.naba.it).

SEGRETO n. 2: non esiste un percorso standard di studi per diventare copywriter, ma è possibile seguire corsi di stampo umanistico presso prestigiose Facoltà universitarie oppure corsi specifici presso istituti privati.

Esaminata la personalità sfaccettata e la formazione culturale del copywriter o dell'aspirante tale, vediamo ora quali siano i passi successivi da compiere per concretizzare il tuo ingresso in un'agenzia o in un reparto creativo di un'azienda.

Gli strumenti per entrare in agenzia

Come accade per ogni altra richiesta di lavoro, anche in questo caso devi preparare una lettera di presentazione originale e stilare un curriculum vitae convincente. Ma questo non ti basterà, perché il lavoro per cui ti stai offrendo ha a che fare con le parole. Devi fare di più, dare il meglio di te per colpire il selezionatore e non passare inosservato: le parole che utilizzi nell'approccio con l'agenzia sono il tuo biglietto da visita, sono la tua prima prova da creativo. Ti assicuro che chi esaminerà la tua lettera e il tuo curriculum vitae presterà molta attenzione a ciò che leggerà.

Insieme alla lettera e al CV, è poi indispensabile occuparsi della composizione del portfolio, ossia del book con i tuoi lavori. E se non hai mai lavorato come copywriter devi presentarlo lo stesso. Ti spiego subito come.

Il portfolio è uno strumento utilissimo che raccoglie tutto il materiale che hai ideato e realizzato ed è un ottimo supporto per la presentazione e la vendita dei tuoi servizi. Può servire anche a te stesso per visionare l'andamento e lo sviluppo della tua professionalità.

Se non hai mai lavorato in questo campo o non hai maturato una formazione adeguata in un reparto creativo, hai però, di certo, la passione e l'energia per iniziare a dare spazio alla tua vena creativa. Ritaglia e raduna in un raccoglitore gli annunci pubblicitari che più hanno colpito la tua immaginazione e prova a modificarne alcune parti, dal titolo alla chiusura. Quel che devi fare è mostrare, in un nuovo annuncio, le migliorie che apporteresti, come avresti strutturato tu il messaggio pubblicitario.

Puoi modificare un titolo poco accattivante, un invito all'azione troppo debole, caratteristiche e benefici non chiari oppure puoi concepire nuove idee totalmente tue. Questo è il metodo più utilizzato dai copywriter che non hanno maturato effettive esperienze lavorative e viene detto *spec ad*, ossia annuncio speculativo. Ecco qualche suggerimento per realizzarlo nella pratica.

Prendi una rivista e individua gli annunci che vuoi riscrivere identificando subito i punti deboli da modificare: questi saranno alla base delle tue creazioni, dei tuoi nuovi annunci pubblicitari.

Il secondo passo da compiere è quello di preparare una pagina in cui scrivere il tuo nominativo, il nome del prodotto o servizio pubblicizzato e la dicitura *spec ad*; quest'ultimo elemento è importante, altrimenti il futuro datore di lavoro potrebbe essere tratto in inganno e pensare che tu abbia lavorato per dei clienti che invece non ti hanno mai sentito nominare. Dopo l'intestazione puoi iniziare a formulare la tua idea creativa rispettando tutte le fasi dell'annuncio, dal titolo al congedo. Più avanti, in questo stesso capitolo, ti illustrerò le diverse parti che compongono l'annuncio: puoi prenderle come punto di riferimento nella produzione dei tuoi *spec ad*.

Quel che ne verrà fuori sarà un semplice foglio di carta o un cartoncino più spesso che andrai a inserire in un raccoglitore: la pagina a sinistra conterrà l'annuncio originale, quella a destra l'annuncio modificato da te.

La parte testuale sarà quella tenuta in considerazione dalla persona che esaminerà il portfolio, probabilmente un direttore creativo, ma se ne volessi migliorare l'aspetto grafico potresti introdurre la parte visuale dell'originale, in modo che testo e immagini siano ben integrati.

Ricordati che alla base del tuo lavoro deve esserci da un lato la tua originalità e dall'altro una profonda conoscenza dei prodotti, dei benefici, del target e del marketing.

Nome e Cognome
Prodotto o Servizio pubblicizzato
SPEC AD

1. TITOLO
2. SOTTOTITOLO
3. CORPO DEL TESTO
4. DIDASCALIE
5. FLASH
6. CONGEDO

Dopo aver proposto questi *spec ad*, puoi presentare anche altre tipologie di testi, di tutti i generi: dalla poesia al racconto, dall'articolo alla recensione. Tutto quello che hai scritto nel corso del tempo può tornarti utile perché quel che ora importa è manifestare le tue espressioni creative e mostrare di possedere passione e capacità nonostante la mancanza di esperienze lavorative specifiche nel settore.

Ora che hai tutto il materiale pronto e confezionato non ti resta che spedirlo ai giusti destinatari. In questo il web ti dà sicuramente una mano. Fai una ricerca per parole chiave e individua le aziende che ti interessano di più: se trovi annunci in cui si ricerca personale, tanto meglio; in caso contrario, non demordere e gioca ugualmente la tua partita.

Presentarsi a un'azienda attraverso l'invio di una email possiede il grande vantaggio dell'immediatezza e della velocità. Come forse avrai letto nel mio testo sulla *Scrittura Professionale*, la redazione di una email è un processo da eseguire con cura.

Riassumo qui per te gli elementi principali. Tanto per cominciare ti consiglio di compilare per ultimo il campo del destinatario, e cioè solo dopo aver formulato l'oggetto e il corpo del testo e dopo aver allegato i tuoi file: questo per evitare di inviare l'email troppo presto, per fretta o per errore, senza averla riletta e senza aver verificato la completezza delle informazioni.

Importante è poi che compili il campo dell'oggetto con attenzione, perché rappresenta per te un'opportunità: compare visibilmente nella casella delle email in arrivo e per questo rappresenta la chiave che il destinatario può girare oppure no, aprendo o cestinando il tuo messaggio. Cerca di trovare una formula sintetica e chiara, ma anche accattivante.

E poi c'è il corpo del testo: organizza i contenuti formulando un'apertura e una chiusura a effetto e spiegando perché ti trovi lì a scrivere quella email. Sii sincero, apri il tuo cuore, esprimi ciò che ti spinge a cercare questo tipo di lavoro e lascia che sia il tuo curriculum vitae a fare il resoconto degli studi e delle esperienze professionali: non tediare il tuo lettore. Anche per il corpo dell'email devi riuscire a destare interesse evitando di far scorrere fiumi di parole.

Se dopo un po' di tempo non ricevi risposta di alcun tipo, con un po' di intraprendenza puoi anche telefonare, presentarti e chiedere un appuntamento per parlare della tua proposta di collaborazione.

SEGRETO n. 3: nel momento in cui ci si presenta a un'agenzia pubblicitaria, tutto il materiale scritto e confezionato, dall'oggetto della mail al portfolio dei lavori, rappresenta la prima prova creativa.

L'agenzia pubblicitaria

Scrivere è certamente la sua attività centrale, ma cosa lo differenzia dalle altre persone che praticano mestieri legati alla scrittura? Non solo conosce alla perfezione la lingua e ne raggiunge le vette con facilità e piacere, ma si appassiona e si interessa anche a ciò che riguarda il marketing: il copywriter è, per dare una definizione sintetica, il redattore di titoli e testi pubblicitari, che si serve delle parole per motivare il pubblico all'acquisto, stimolando l'emozione e la ragione.

Con l'art director forma la coppia creativa dell'agenzia di pubblicità o del reparto pubblicitario di un'azienda; l'uno si occupa di parole e l'altro di immagini e sono strettamente legati tra loro, come queste due parti dell'annuncio pubblicitario.

Naturalmente non sono gli unici due componenti del gruppo di lavoro: dietro a un messaggio pubblicitario ruota, infatti, un meccanismo di persone e ruoli che mette in moto competenze specifiche e diverse e dà vita alle splendide creazioni che tutti noi conosciamo. Si tratta davvero un gioco di squadra, insomma.

Per darti un'idea dell'ambiente di lavoro in cui generalmente il copywriter si trova a produrre, ti mostro brevemente quali sono queste figure che, tutte insieme, formano il *product team*, lasciando per ultima la coppia creativa già nominata:

- l'account executive, che gestisce i rapporti con i clienti e con i creativi, definisce gli obiettivi con i planner e tiene d'occhio tempi e costi della produzione;
- il media planner, che pianifica la diffusione attraverso la scelta dei media, dalla stampa alla televisione, dalla radio alle affissioni, a seconda del pubblico e del tipo di messaggio;
- lo strategic planner, che pianifica la strategia di comunicazione tenendo conto di tutti i fattori in campo, dal cliente al prodotto, dai competitor ai consumatori;

- il producer, che gestisce la realizzazione tecnica del materiale stampato o filmato;
- il direttore creativo, che coordina e supervisiona il lavoro del team creativo;
- l'art director, che si occupa della parte visiva, delle immagini, dell'impaginazione, del carattere del testo;
- il copywriter, che redige i titoli e i testi pubblicitari.

Questo, a grandi linee, è l'apparato che concepisce e realizza le campagne pubblicitarie. Come ho già anticipato, esso può essere collocato all'interno di un'agenzia pubblicitaria oppure all'interno di aziende che abbiano un reparto dedicato; a seconda della complessità della struttura, possono esserci anche diverse figure *junior* che entrano in gioco soprattutto a livello operativo.

SEGRETO n. 4: il *product team* è formato da un gruppo di persone che, ciascuna nel suo ruolo e con le competenze che le sono proprie, contribuisce alla realizzazione della campagna pubblicitaria.

Ora che conosci il suo ambiente naturale, quello in cui nasce e cresce, possiamo finalmente dilungarci sulle attività principali del copywriter.

L'annuncio pubblicitario

Innanzitutto, cosa significa "copywriter"? Letteralmente possiamo tradurlo con "scrittore di copy". Copy è utilizzato molto spesso come abbreviazione di copywriter, ma questo uso non è del tutto corretto e può indurre in confusione: non bisogna, infatti, scambiare il soggetto con l'oggetto. Mi spiego meglio: il copywriter è colui che scrive copy e con copy si intendono le diverse parti dell'annuncio.

Rimandando al capitolo successivo l'apprendimento delle tecniche creative, tratteggiamo intanto le diverse parti dell'annuncio cercando di comprenderne meglio la funzione:

- il titolo, chiamato anche *headline*, è la parte che apre ogni messaggio. Ha il compito di catturare l'attenzione del lettore, di incuriosire, intrigare, ma anche informare e anticipare i benefici che derivano dall'acquisto. È dal titolo che ha inizio la vendita;
- il sottotitolo, il *sub-headline*, determina il contesto, definisce il

senso e scioglie le ambiguità o le metafore del titolo;

- il corpo del testo, detto anche *body copy*, fornisce in modo più dettagliato le informazioni anticipate nel titolo. In passato era strutturato in maniera molto dettagliata, mentre nel corso degli anni si è sempre più ridotto;
- la didascalia, è la descrizione breve, la *caption* di un'illustrazione, una figura, una fotografia;
- il flash, è quella scritta a sé stante, graficamente in rilievo che evidenzia un elemento importante, per esempio le scritte "gratis", "new" ecc.;
- il congedo, chiamato generalmente *pay off*, è la parte che chiude il messaggio come un sigillo ed è destinato ad accoppiarsi al marchio indissolubilmente, entrando a far parte, quando davvero funziona, della memoria collettiva.

Queste sono le parti principali dell'annuncio, ma, ovviamente, il format non risponde a uno schema esatto e sempre uguale: gli elementi possono essere posizionati sulla pagina in modo differente, a seconda del supporto, del tipo di messaggio e dell'idea creativa concepita.

SEGRETO n. 5: il copywriter si occupa della scrittura di testi pubblicitari in tutte le sue forme e in tutte le sue parti, dal titolo alla chiusura. Ciascuna di queste parti ricopre una funzione specifica all'interno dell'annuncio.

Ora il quadro si è fatto più chiaro. Sai chi è il copywriter, sai qual è la sua formazione professionale e in cosa consiste il suo mestiere, conosci il suo ambiente lavorativo, hai un'idea delle parti che compongono un annuncio pubblicitario.

A questo punto, possiamo entrare nel vivo dell'attività e capire, nella pratica, come puoi esercitare la tua creatività giocando con le parole e mettendo in atto quanto imparato.

RIEPILOGO DEL CAPITOLO 1:

- SEGRETO n. 1: le inclinazioni personali, lo studio e la continua applicazione della tecnica sono caratteristiche imprescindibili per chi si voglia avvicinare al mestiere di copywriter.
- SEGRETO n. 2: non esiste un percorso standard di studi per diventare copywriter, ma è possibile seguire corsi di stampo umanistico presso prestigiose Facoltà universitarie oppure corsi specifici presso istituti privati.
- SEGRETO n. 3: nel momento in cui ci si presenta a un'agenzia pubblicitaria, tutto il materiale scritto e confezionato, dall'oggetto della mail al portfolio dei lavori, rappresenta la prima prova creativa.
- SEGRETO n. 4: il *product team* è formato da un gruppo di persone che, ciascuna nel suo ruolo e con le competenze che le sono proprie, contribuisce alla realizzazione della campagna pubblicitaria.
- SEGRETO n. 5: il copywriter si occupa della scrittura di testi pubblicitari in tutte le sue forme e in tutte le sue parti, dal titolo alla chiusura. Ciascuna di queste parti ricopre una funzione specifica all'interno dell'annuncio.

CAPITOLO 2:
Come esercitare tecnica e creatività

In questo capitolo voglio spiegarti come puoi attivare ed esercitare la tua creatività utilizzando delle tecniche strettamente legate al linguaggio. Per fare il tuo ingresso in questo mondo di parole devi prima conoscere alcuni elementi di base che riguardano le strategie adottate dalle agenzie pubblicitarie.

La strategia

Esistono diverse strategie creative e ogni agenzia pubblicitaria adotta quella che ritiene più opportuna; attualmente, la tendenza sempre più marcata è quella di prestare estrema attenzione alle esigenze del pubblico, definendo il target di ogni campagna rispetto a tre punti fondamentali:

- il vantaggio che esso ne trae (*benefit*);
- il motivo che rende il prodotto esclusivo (*reason why*);
- l'immagine di marca che rende unico e riconoscibile il prodotto (*brand image*).

I target sono potenzialmente infiniti e sono identificabili attraverso una suddivisione per sesso, età, professione, appartenenza religiosa, passatempi, sport praticati, cultura, classe sociale ecc. Una volta definito il tuo target, ossia le persone a cui vuoi rivolgerti, devi studiare il modo migliore per raggiungerli: hai a tua disposizione una miriade di parole per motivarli all'acquisto, stimolando un po' il lato razionale e un po' quello emozionale.

Cerchiamo allora, di capire quali possano essere le modalità per raggiungere il tuo target. Innanzitutto, queste modalità sono generalmente legate a uno di questi fattori:

- la creatività del messaggio;
- il testimonial famoso;
- lo stile di vita del target;
- il vantaggio ottenuto.

SEGRETO n. 6: la definizione del target è indispensabile per individuare la modalità più adatta per rivolgersi ad esso e motivarlo all'acquisto.

Tutte e quattro queste modalità, come puoi immaginare, passano necessariamente attraverso un uso attento del linguaggio; un buon copywriter, quindi, deve essere un profondo conoscitore della linguistica, deve saper gestire e relazionare fra loro le parti del discorso con estrema facilità, tenendo conto dei suoni, del ritmo e del significato.

Centrare o meno il target dipende dalle parole che utilizzi nel tuo annuncio pubblicitario e per trovare quelle giuste devi per prima cosa conoscerne la struttura e quale relazione dovrai stabilire con gli elementi visivi: la giusta sinergia tra parte visuale e parte testuale genera l'idea vincente.

L'immagine può avviare la comunicazione con un significato polivalente e la parola chiuderla indirizzando il pubblico nel senso giusto e determinando la corretta lettura del messaggio oppure entrambe le parti possono recare un significato univoco e allora la parola dovrà ampliare il senso dell'immagine.

Per farti un esempio di integrazione fra testo e immagine, ti propongo l'annuncio pubblicitario della recente campagna della

Honda. Senza entrare nel merito della bellezza di questo annuncio, al momento ci torna senza dubbio utile come oggetto di studio.

Il testo è: "Nuovo SH. Un classico rinnovato." La fotografia rappresenta una scultura tratta dall'arte classica, sul cui volto sono stati apposti degli occhiali da sole. Più in piccolo, sono ritratti due modelli di scooter. In questo caso sia il testo che l'immagine hanno un significato, ma è l'integrazione dei due elementi a conferire efficacia al messaggio.

Puoi utilizzare questo annuncio per esercitarti a individuare le parti dell'annuncio. Oltre alla sinergia creata dal testo e dall'immagine, cos'altro noti? Come sono posizionati questi due elementi sulla pagina? Dove si trova il corpo del testo? E il congedo? Infine, cosa ti trasmette questo annuncio nel complesso?

Riprendiamo ora l'elenco che ti ho presentato e illustrato nel Capitolo 1. Vediamo ora come possono essere costruite le parti principali dell'annuncio, spostandoci poi verso le tecniche legate al linguaggio e alla creatività.

Il titolo e il sottotitolo

Partiamo dal titolo e dal sottotitolo; li trattiamo insieme perché sono strettamente legati per natura. Formulare titoli e sottotitoli è un'arte e chi li elabora deve considerarli sempre in relazione tra loro.

Hai tante possibilità per avviare un titolo, tante quante sono le parti del discorso, e ognuna ha il suo effetto particolare: anche se le parole usate sono le stesse, hanno un valore e un peso diverso a seconda di dove le collochi e il significato della frase cambia. A questi indirizzamenti di senso dati dalla posizione all'interno della frase, aggiungiamo, naturalmente, anche la punteggiatura.

Dal titolo inizia la vendita. Devi interessare, stimolare, intrigare, informare e anticipare i vantaggi che derivano dall'acquisto. Con il sottotitolo devi poi determinare il contesto e definire il senso del titolo, senza sbavature e senza lasciare argomenti in sospeso. Se il titolo è ambiguo, il sottotitolo scioglie l'ambiguità. Se il titolo è ermetico, il sottotitolo è esplicativo. Se il titolo è generico, il sottotitolo ne circoscrive il significato. E via dicendo.

Il corpo del testo

Tutto ciò che viene anticipato dal titolo e dal sottotitolo viene poi spiegato in un discorso compatto e completo. Formato da un inizio in cui si presentano i temi fondamentali, un centro in cui questi temi sono messi in relazione tra loro e una fine sintetica e conclusiva, il corpo del testo deve essere chiaro e esauriente.

È sempre stato di un carattere più piccolo rispetto al titolo e a tutti gli altri elementi e si sta progressivamente riducendo nel corso del tempo. Mentre molti anni fa, soprattutto agli inizi della storia della pubblicità, il corpo del testo era una parte importante, spesso molto lunga ed elaborata, ora si è notevolmente ridotta e, in alcuni casi, è del tutto assente: forse perché la velocità è figlia del nostro tempo, forse perché questa parte dell'annuncio è scritta in modo poco avvincente, forse perché ce ne sarebbero troppe da leggere, fatto sta che solo una ristretta parte del pubblico la prende davvero in considerazione.

La didascalia e il flash

Ti ho illustrato brevemente queste due parti dell'annuncio nel Capitolo 1. Si tratta di due elementi che spesso non sono presenti, ma che devi comunque conoscere e riconoscere nei lavori altrui.

Il congedo

Identificato in molti casi con lo slogan, che letteralmente significa "urlo di guerra", è destinato ad affiancare comunemente il nome della marca e a chiudere, così, la comunicazione.

La frase adottata come slogan deve essere positiva, parlare bene del prodotto o dell'azienda, essere ricordata. Alcuni di essi sono entrati a far parte della memoria collettiva. Eccone un paio di esempi.

SEGRETO n. 7: ciascuna parte dell'annuncio pubblicitario ha una sua funzione specifica che costituisce un diverso momento della vendita.

Lo stile

Se le parti del discorso possono essere combinate e scombinate a piacimento e ricollocate nel punto più adatto a costituire le diverse parti del format, un sottile filo rosso fatto di regole deve tenerle insieme: si tratta dello stile e le regole che lo compongono sono ovviamente la retorica, la sintassi e la metrica.

La retorica

Rifacendoci ai retori dell'antica Grecia, possiamo ancora suddividere la retorica in tre fasi:

- Inventio, costituita dai contenuti che si vogliono esporre. La ricerca di questi contenuti deve essere continua, perché, come scrivevo all'inizio di questo testo, la curiosità è un ottimo punto di partenza. Osserva, assapora, partecipa alla realtà con tutti i sensi e fai tesoro di ciò che in essa trovi. E poi leggi, leggi tanto, ascolta il pensiero degli altri, interiorizza le tue letture e ne uscirai arricchito spiritualmente e intellettualmente. Ma questo non basta per trovare le cose da scrivere, devi volerle scrivere: la volontà è il motore che muove tutto l'ingranaggio.
- Dispositio, che consiste nella selezione di questi contenuti e nella loro disposizione ordinata, in modo tale che possano godere della giusta luce. La scelta va fatta eliminando tutto ciò che è inutile e superfluo, disponendo le idee migliori chiaramente in rilievo rispetto alle altre e mantenendo la giusta proporzione tra le parti.
- Elocutio, ossia il modo in cui i contenuti disposti ordinatamente vengono infine espressi. E qui le figure

retoriche la fanno da padrone, tanto da meritare, più avanti, un paragrafo a parte.

La sintassi

Tutte le leggi che regolano le parti del discorso costituiscono la sintassi. Come vedremo in seguito, il rigore di queste norme può essere stravolto per portare il significato su di un piano diverso e più ampio.

La metrica

Le regole della metrica riguardano la struttura del testo e ne determinando l'andamento e il ritmo. Alcuni accorgimenti ritmici ti possono servire per portare l'attenzione sulla parola chiave che desideri; questi possono essere di tre diverse tipologie:

- di anticipo, attraverso cui si prepara il pubblico al tema sviluppato in seguito;
- di ritardo, attraverso cui la parola viene isolata e messa in evidenza, semplicemente rompendo il ritmo o la rima, sorprendendo insomma rispetto alle aspettative del pubblico;
- di appoggiatura, attraverso cui la parola o la rima viene ribadita in modo da creare un prolungamento semasiologico.

Le figure retoriche

Il modo in cui i contenuti vengono espressi può essere oggettivo e privo di ambiguità. Ma attraverso le figure retoriche, puoi far entrare il linguaggio contemporaneamente in due diverse dimensioni: quella del significato oggettivo e quella del significato figurativo. Maggiore è la distanza tra i due livelli di significato e più intenso è l'effetto creativo.

Lo scopo ultimo dell'utilizzo delle figure retoriche non risiede tuttavia in questo, bensì nella volontà di coprire, tutti in un colpo solo, più livelli di significato, quello oggettivo e quello traslato, sicuramente, ma anche quello che si crea nella mente del pubblico attraverso il gioco dell'ambiguità che porta il pensiero a nuove forme di senso.

Voglio ora vedere insieme a te alcune delle principali figure retoriche, ossia le più utilizzate nella comunicazione pubblicitaria, e mostrarti una palestra di esempi grazie ai quali potrai allenare la tua immaginazione.

Metafora

Utilizzare la metafora significa sostituire un termine proprio con uno figurato. In pubblicità, uno degli esempi più celebri è quello della campagna del carburante della *Esso* che recitava: "Metti un Tigre nel motore".

In questo caso a dare forza al messaggio intervengono ben tre elementi diversi:

1- il nome "Tigre" che sostituisce metaforicamente, per l'appunto, la parola "carburante". La scelta di un animale potente, forte e veloce rende la metafora particolarmente vincente;
2- l'articolo maschile "il" che, posizionato davanti al sostantivo femminile Tigre, evidenzia ancor di più il termine e la scelta metaforica;
3- "Tigre" che diventa un personaggio, protagonista assoluto della campagna pubblicitaria per molto tempo.

Qui sotto ti mostro una delle prime versioni di questa pubblicità che tanto successo ha avuto nel corso degli anni.

Riesci a individuare altre campagne basate sulla metafora? Ti assicuro che ti basterà pensarci un attimo per scovarne moltissime.

Metonimia

Questa figura retorica consiste nell'utilizzare il nome della causa al posto del nome dell'effetto, il nome del contenente al posto di quello del contenuto, il nome della materia al posto di quello dell'oggetto e così via.

Quando la metonimia produce davvero l'effetto voluto, allora il copywriter ha fatto un buon lavoro. Kleenex, Bic, Scotch sono solo alcuni esempi di questa straordinaria figura retorica applicata al brand marketing, tanto che il nome del marchio è legato da una relazione biunivoca non solo con il suo prodotto, ma con tutti i prodotti della categoria: Kleenex con la parola chiave "fazzoletto", Bic con la parola chiave "penna", Scotch con la parola chiave "nastro adesivo".

Riguardo alla relazione vincente che si può stabilire tra il nome del marchio e la keyword di un prodotto, ti consiglio la lettura dell'ottimo testo di G. Bruno *Posiziona il Tuo Brand*.

Sineddoche

Questa è una delle figure retoriche più utilizzate insieme alle due precedenti. Come la metonimia, consiste nell'utilizzare in modo figurato una parola dal significato più o meno ampio di quello proprio, come la parte per il tutto, il contenente per il contenuto, la materia per l'oggetto, ma si distingue da essa perché la relazione tra i termini è di tipo quantitativo.

Antonomasia

L'antonomasia consiste nell'utilizzare un attributo o un'apposizione in luogo del nome proprio o, viceversa, un nome proprio celebre in luogo dell'oggetto reale. Per esempio, in uno dei suoi annunci pubblicitari, la carta di credito Visa è presentata come "La carta.", dove a rafforzare il concetto che sia la carta per antonomasia c'è l'articolo determinativo e il punto fermo alla fine.

Prosopopea

Questa figura retorica consiste nel dar voce a un oggetto inanimato proprio come se fosse una persona.

A questo proposito ti propongo la bellissima pubblicità della Alfa Romeo per la sua Giulietta, che vede come testimonial d'eccezione Uma Thurman. Il nome del modello di automobile non è una novità, ma senti come sia legato letterariamente a quello della casa produttrice? Per sancire definitivamente questo legame, la voce fuori campo dichiara: "Io sono Giulietta e sono fatta della stessa materia di cui sono fatti i sogni". In parte parafrasando e in parte recitando un famoso brano di William Shakespeare, il vincolo si dichiara palesemente. Fondamentale è anche l'interazione con la parte visuale, dove immagini e parole scorrono creando una sinergia perfetta, ribadendo il legame letterario e chiudendo con un emozionante: "Senza cuore saremmo solo macchine". Puoi visionare lo spot completo direttamente a questo link: http://www.youtube.com/watch?v=ZUZ1T9hDLQU&feature=player_embedded

Climax

Se alcune figure retoriche portano il linguaggio a nuovi livelli di significato, altre riguardano il piano dell'ordine delle parti del discorso. Costrutti sintattici particolari raggiungono una grande libertà di struttura, ribaltando l'ordine più usuale. A volte, la struttura dipende, così, più dall'andamento ritmico che dalle regole sintattiche.

Il climax rappresenta un esempio di figura retorica che deve il suo effetto alla posizione che le parti del discorso occupano nella frase: consiste, infatti, nel passare da un concetto all'altro in ordine crescente di intensità o di valore.

La nota campagna pubblicitaria che ha avuto come testimonial l'alpinista ed esploratore Reinhold Messner ha uno slogan che risponde pienamente a questa caratteristica: "Altissima,

Purissima, Levissima". Naturalmente anche la scelta del testimonial e del paesaggio montano ha contribuito al successo del messaggio pubblicitario, ma lo slogan è senza dubbio uno di quelli che si fanno ricordare.

SEGRETO n. 8: le tecniche creative sono strettamente legate all'uso che si fa del linguaggio. In questo senso le figure retoriche rappresentano il modello principale attraverso cui una parola può essere portata a livelli diversi di significato.

La persuasione

Conoscere tutte queste tecniche non significa saperle applicare nel modo giusto, perché l'effetto desiderato scaturisce solo quando vi siano dei contenuti adeguati.

A questo punto si torna all'analisi iniziale: chi è il tuo target? Impara a conoscere meglio il pubblico di riferimento, perché è a esso che stai parlando: con l'improvvisazione non otterrai il risultato sperato, con la conoscenza profonda del cliente, invece, riuscirai a capire le sue esigenze e a soddisfarle. Il target, si è già detto, è definito da caratteristiche che gli sono proprie: sesso, età, nazionalità, professione ecc. Impara a capire cosa quelle persone cercano e imparerai a dar loro le risposte giuste: risparmio, qualità, benessere, sicurezza… La parola chiave può fornirtela solo la conoscenza del consumatore, tu poi devi individuare il linguaggio giusto per comunicargliela.

La chiarezza e la trasparenza sono sempre molto apprezzate, ma anche un linguaggio semplice e diretto. Questo in linea generale, ovviamente. Ci sono, poi, campagne pubblicitarie basate sull'esatto opposto, ossia su un linguaggio talmente specifico e fuori dal comune da risultare buffo: valgono per tutti i noti "Titilla la papilla" e "Sfrizzola il velopendulo" che hanno pubblicizzato con successo una caramella.

Scrivere per la pubblicità significa saper comunicare, saper adottare le tecniche, saper emozionare, saper motivare all'acquisto. Per riuscire a fare tutto ciò ci vuole impegno e capacità di persuasione: l'obiettivo della pubblicità, infatti, è vendere.

Devi conoscere profondamente il tuo target, come si è già detto, e motivarlo attraverso due strade: puoi servirti di spiegazioni del tutto logiche e razionali o, in alternativa, e questa è la strada più difficile, puoi fare in modo che il messaggio arrivi in maniera meno diretta, stimolando le emozioni del tuo pubblico.

Per essere persuasivo occorre che la fonte da cui il messaggio arriva sia percepita dal consumatore come affidabile e competente e per raggiungere questo scopo l'aspetto esteriore dei protagonisti e gli anni di esperienza nel settore da parte dell'azienda vogliono dire molto.

SEGRETO n. 9: i meccanismi della comunicazione pubblicitaria persuasiva sono legati soprattutto alla percezione che il pubblico ha del marchio; questo deve essere considerato come esperto e autorevole.

Quando si innesca un processo di persuasione, questo avviene in maniera del tutto inconsapevole da parte del pubblico che non si rende conto, a meno che non sia esperto di comunicazione, di quanto stia avvenendo.

RIEPILOGO DEL CAPITOLO 2:

- SEGRETO n. 6: la definizione del target è indispensabile per individuare la modalità più adatta per rivolgersi ad esso e motivarlo all'acquisto.
- SEGRETO n. 7: ciascuna parte dell'annuncio pubblicitario ha una sua funzione specifica che costituisce un diverso momento della vendita.
- SEGRETO n. 8: le tecniche creative sono strettamente legate all'uso che si fa del linguaggio. In questo senso le figure retoriche rappresentano il modello principale attraverso cui una parola può essere portata a livelli diversi di significato.
- SEGRETO n. 9: i meccanismi della comunicazione pubblicitaria persuasiva sono legati soprattutto alla percezione che il pubblico ha del marchio; questo deve essere considerato come esperto e autorevole.

CAPITOLO 3:
Come imparare dai grandi Maestri

Ora che sai che cos'è la scrittura pubblicitaria e come si diventa copywriter, ti domanderai come sia nata questa professione e come si sia sviluppata nel tempo.

La storia alle sue spalle è lunga e sfaccettata, perciò ti racconterò solamente dei principali interpreti di questo ruolo nel passato e delle loro strategie, in modo che ti siano chiari i passaggi che negli anni hanno portato alla professione di copywriter così come la intendiamo noi oggi; per parafrasare il celebre "annuncio" di Ernest Shacketon, dei primi del Novecento, si tratta di un viaggio azzardato, con un ritorno a casa non garantito, ma con onore e gloria in caso di successo.

La pubblicità intesa in senso moderno risale al tempo della rivoluzione industriale e, quindi, alla metà del Settecento. La scrittura dell'annuncio, però, era lasciata al cliente stesso: non esisteva ancora la figura professionale del copywriter.

Prima di passare in rassegna i grandi nomi, vorrei ricordare il nome di **John E. Powers** (1837-1919), considerato il precursore del copywriting, colui che per primo scrisse annunci per mestiere e che capì l'importanza di andare incontro alle esigenze del pubblico; colui che passò dall'*hard selling* all'*understatement*, non ricercando la vendita a ogni costo, ma scrivendo brevi annunci dalla costruzione semplice e vicina al linguaggio parlato.

Due altri pionieri del copywriting sono stati **Claude Hopkins**, il primo copy strategico, sostenitore dell'hard selling e degli annunci fitti fitti di testo, e **Theodore MacManus**, fautore della pubblicità che suggestiona e che crea un'immagine, una reputazione al prodotto.

Tenendo a mente questi primi approcci al copywriting, incontriamo ora alcuni dei grandi maestri, cercando di individuare e capire quale sia stato il loro apporto allo sviluppo di questo mestiere.

Questo è un capitolo importante, perché ti permetterà di toccare con mano come la teoria che conosci sia stata applicata dai grandi copywriter.

Rosser Reeves e la Unique Selling Proposition

Cominciamo davvero in grande. Siamo negli anni Quaranta quando Reeves, nato in Virginia nel 1919 e morto nel 1984, teorizza la USP, ossia la *Unique Selling Proposition*. Si tratta di un modello strategico secondo cui il prodotto deve essere pubblicizzato puntando sull'unicità del vantaggio.

Il beneficio offerto al consumatore che acquista il prodotto deve essere unico per tre diversi aspetti:

1. deve essere singolo;
2. deve essere non replicabile dalla concorrenza;
3. deve essere tanto eccezionale da renderlo appetibile a milioni di consumatori.

Massima importanza è data al contenuto più che al gusto e alla creatività: motivo questo di forti critiche verso Reeves. La USP di un prodotto, inoltre, deve essere la stessa in ogni campagna pubblicitaria, martellante, senza mai variare: ripetizione è la parola d'ordine.

SEGRETO n. 10: la USP è un modello teorico proposto da Rosser Reeves secondo cui occorre presentare il prodotto nella sua unicità, puntando molto sul contenuto e lasciando poco spazio alla forma.

Un prodotto conosciuto in tutto il mondo valorizzato secondo questo criterio è quello delle M&M's che "si sciolgono in bocca, non in mano". Così recita quella che forse è la più nota campagna pubblicitaria di Reeves: espone un vantaggio concreto e rimanda al fatto che lo zucchero intorno impedisce alla cioccolata che si trova all'interno di sciogliersi in mano; una promessa fatta e mantenuta per anni, senza alcuna poesia e senza fronzoli.

Esposta nel libro *Reality in Advertising*, pubblicato nel 1961 dalla casa editrice Knopf di New York, la strategia della USP è tuttora adottata, ma se ne sta avvertendo in qualche modo il declino a causa della diffusione di prodotti dalle qualità molto simili per cui diventa arduo trovare un vantaggio non presente o non replicabile da un prodotto concorrente. Offrire gli stessi benefici offerti dagli altri prodotti posizionati nella stessa nicchia diventa controproducente.

Imparare a capire quale sia il beneficio principale del prodotto che devi pubblicizzare è un ottimo esercizio che ti consiglio vivamente di fare perché ti può aiutare a conoscere meglio e a comprendere il valore del prodotto che devi pubblicizzare, anche se decidi di non adottare la tecnica della USP.

Rosser Reeves muore nella sua Virginia nel 1984, ma non prima di legare il suo nome all'ideazione dello spot in trenta secondi: pragmatico ed essenziale come lui, rappresenta oggi la forma classica di pubblicità televisiva, corta ma incisiva.

David Ogilvy e la brand image

Britannico, parente e rivale di Reeves, autore di *Confession on Advertising Man* (Atheneum, New York 1963), David Ogilvy (nato nel 1911 e morto nel 1999) lega il suo nome soprattutto al concetto di *brand image*: come scrive egli stesso, la formula vincente consiste nel "creare l'immagine di marca".

Con Ogilvy diventa fondamentale la percezione che il pubblico ha della marca: il prodotto si circonda di tutti quei valori che ne definiscono l'immagine e la personalità. È il dettaglio attorno al quale si costruisce l'immagine ad affascinare e suggestionare la fantasia del lettore e a incuriosire: la campagna pubblicitaria è più di uno slogan martellante, è una grande idea che non annoia il consumatore e tiene in massima considerazione la sua intelligenza e il suo buon senso.

Voglio mostrarti un famoso annuncio che celebra il concetto di immagine del brand e che sollecita l'intelletto del pubblico e lo induce a guardare oltre ciò che vede.

L'immagine, infatti, ti mostra chiaramente come l'idea sia stata applicata nella famosa campagna pubblicitaria per le camicie Hathaway. Un uomo dall'aria sofisticata indossa una camicia Hathaway e una benda nera sull'occhio. Cosa ti comunica questo dettaglio? Moltissimo. Innanzitutto che si tratta di un uomo reale e non di un modello, ma la cosa più importante è ciò che non si vede, ciò che è evocato e che puoi solo intuire e immaginare: un uomo dallo spirito avventuriero, immerso nelle avventure di un mondo esotico. Eleganza, stile e lusso sono evidenti e dichiarati. Tutto il resto è lasciato alla fantasia del pubblico.

Questo rappresenta, inoltre, un caso evidente in cui le parole e l'immagine sono unite da un legame fortissimo: se il titolo è praticamente didascalico e il corpo del testo espone chiaramente le caratteristiche del prodotto, la fotografia lascia parlare la nostra immaginazione.

SEGRETO n. 11: un solo dettaglio può parlare alla fantasia del pubblico e stimolare la sua intelligenza facendo in modo che la percezione globale crei l'immagine di marca.

Leo Burnett e il common touch

Passiamo dal *brand image* al cosiddetto *common touch* di Leo Burnett (1891-1971). Lontano dagli ambienti newyorkesi, Burnett lavora cercando di trarre ispirazione dai miti più cari alla cultura popolare, ideando personaggi e luoghi legati a questa. Non ci sono più i benefici e i vantaggi, ma la semplicità, la forza e l'emozione del linguaggio locale.

L'immagine sottostante è un esempio tratto dalla celebre campagna realizzata per Marlboro. La rudezza e l'esperienza di un cowboy immerso nel suo paesaggio naturale sono perfetti per riposizionare il brand verso un pubblico maschile e far emergere il “dramma insito” nel prodotto.

In alcuni degli annunci di questa campagna il testo, semplice ma forte, è: “Come to where the flavor is. Come to Marlboro Country”. Un personaggio e un luogo di fantasia, ma molto ben identificabili nella mente del consumatore lasciano pregustare il sapore della sigaretta stimolato dalla relazione tra la parola “flavor” e il marchio “Marlboro”.

Siamo passati dalla Unique Selling Proposition alla Unique Emotional Plus, dove non si offre un vantaggio, ma un’emozione e un senso di appartenenza.

SEGRETO n. 12: la strategia adottata da Leo Burnett insegna che riscoprire i costumi e il linguaggio locale rende il prodotto internazionale.

Ideare un personaggio da legare al prodotto è una strategia di cui Leo Burnett fa largo uso nelle sue campagne e si rivela spesso una tattica vincente ancora oggi: prova tu stesso a individuare i personaggi creati appositamente per accompagnare i prodotti nell'attività promozionale e a riconoscere in che modo vengano caratterizzati a seconda del target a cui si rivolgono.

William Bernbach e la comunicazione persuasiva

Con Bernbach ha inizio l'era della persuasione: il modo in cui parlare alla gente diventa più importante delle regole; l'immaginazione, l'originalità e l'ironia creano interesse più delle formule fisse.

La situazione generale di partenza che Bernbach mette in scena è spesso negativa, ma il prodotto rappresenta la chiave per uscirne. Negatività, piccolezza, limitatezza sono esasperati e messi in evidenza, ma allo stesso tempo sono gli strumenti che mettono in luce i pregi taciuti del prodotto e lo rendono paradossalmente desiderabile.

SEGRETO n. 13: un'ottima strategia per rendere desiderabile il prodotto consiste nel presentarlo in una situazione generale negativa e tacendone i pregi che devono emergere spontaneamente nella mente del lettore.

In un mondo in cui si dice di pensare sempre in grande Bernbach propone una visione diversa e rivoluzionaria con il suo "Think small".

La creatività e l'ironia emergono irresistibilmente in questa immagine parte della notissima campagna pubblicitaria realizzata per Volkswagen.

Rivolgendosi a quella parte del popolo che non può permettersi un'automobile troppo costosa, Bernbach presenta una soluzione alla portata di tutti e di tendenza. Il successo è assicurato.

Quando, alla fine degli anni Novanta, Steve Jobs contatta la TBWA, una delle agenzie pubblicitarie più importanti del mondo, lo slogan che questa conia per il suo Macintosh è il famoso "Think different" che si riallaccia al "Think small" di Bernbach in maniera evidente, ma con qualche differenza: con questo ci si vuole rivolgere, parafrasando la bellissima body copy, ai folli, agli anticonformisti, ai ribelli, ai piantagrane e a tutti coloro che vedono le cose in un modo diverso.

Jacques Séguéla e la star strategy

Pubblicitario parigino nato nel 1934 e tuttora vivente, definisce le sue stesse campagne come le migliori al mondo.

Quella che mette in atto è una strategia che si muove in antitesi a quella da cui deriva: la *copy strategy* delle origini è infatti superata dalla cosiddetta *star strategy*. Séguéla personifica il prodotto rendendolo una vera star e, come per le star, il mezzo di comunicazione che ritiene più idoneo e ambito è senza dubbio la televisione.

Della star il prodotto possiede le tre caratteristiche principali:

1- **convince**, quindi motiva razionalmente all'acquisto;
2- **dura**, oltrepassando i limiti del tempo;
3- **seduce**, quindi stimola anche la parte emozionale delle persone e fa comprare.

È il cliente stesso a dover parlare del prodotto offerto come se si trattasse di una persona, avvicinandosi più ai mondi paralleli di Burnett che alla comunicazione persuasiva di Bernbach.

SEGRETO n. 14: rendendo il prodotto una vera star, di questa se ne traggono le migliori qualità: convince, dura nel tempo e seduce.

Innovazione e cambiamento

Alcune delle agenzie fondate da questi grandi del passato sono ancora attive attraverso le loro sedi presenti in varie parti del mondo.

Rispetto al passato molte cose sono cambiate: con qualche eccezione, si spende meno denaro per la pubblicità, il che non coincide con un abbassamento del livello della richiesta. Inoltre, i mezzi di comunicazione non sono più gli stessi o, meglio, se ne sono aggiunti alcuni di fondamentale importanza: da internet ai tablet pc. L'innovazione è avvenuta, dunque, non per l'idea vincente di un pubblicitario, ma per il denaro di qualche produttore di tecnologia.

Come comportarti di fronte al cambiamento? Naturalmente lo devi cavalcare curando la tua formazione continuamente, ma senza scordarti mai del passato.

L'importanza di questo capitolo risiede proprio nel contatto che vuole creare dentro di te con il pregresso, con la storia culturale che è alle tue spalle e che è necessario che tu conosca: quello del copywriter non è un lavoro slegato dalla realtà circostante, come non è un mestiere in cui ciascuno è indipendente dagli altri personaggi che ne hanno fatto la storia. L'innovazione, la trasformazione, il cambiamento sono un'altra cosa: tenendo conto del tessuto in cui si opera, devono essere cavalcate in modo che ciascuno porti il suo personale contributo.

RIEPILOGO DEL CAPITOLO 3:

- SEGRETO n. 10: la USP è un modello teorico proposto da Rosser Reeves secondo cui occorre presentare il prodotto nella sua unicità, puntando molto sul contenuto e lasciando poco spazio alla forma.
- SEGRETO n. 11: un solo dettaglio può parlare alla fantasia del pubblico e stimolare la sua intelligenza facendo in modo che la percezione globale crei l'immagine di marca.
- SEGRETO n. 12: la strategia adottata da Leo Burnett insegna che riscoprire i costumi e il linguaggio locale rende il prodotto internazionale.
- SEGRETO n. 13: un'ottima strategia per rendere desiderabile il prodotto consiste nel presentarlo in una situazione generale negativa e tacendone i pregi che devono emergere spontaneamente nella mente del lettore.
- SEGRETO n. 14: rendendo il prodotto una vera star, di questa se ne traggono le migliori qualità: convince, dura nel tempo e seduce.

Conclusione

Il percorso presentato in questo testo ti ha portato a conoscere meglio la figura professionale del copywriter. Sapere chi ci sia dietro le più belle campagne pubblicitarie realizzate ti farà apprezzare ancora di più queste opere dell'ingegno e individuare e riconoscere le tecniche utilizzate in ciascuna di esse.

La formazione professionale e l'inclinazione personale, le regole e la fantasia, la cultura e la passione, le strategie e le tecniche vincenti, gli insegnamenti dei grandi maestri del passato e dei pubblicitari di oggi rappresentano gli strumenti necessari per metterti all'opera.

Anche se non sei ancora un copywriter di professione, non lasciarti sfuggire le occasioni che la quotidianità ti offre per allenare la tua creatività e affinare la tecnica. Il momento di farne un vero e proprio mestiere arriverà.

Osserva e gusta le nuove campagne pubblicitarie: potrai scovare nuove strategie, catturare titoli e slogan che nel tempo diventeranno memorabili e accrescere la tua conoscenza nel campo della comunicazione pubblicitaria.

Con questo invito a migliorare continuamente e a cavalcare l'innovazione ti auguro una *buona scrittura*!